MODULAR LOFT
Copyright © 2017 Instituto Monsa de ediciones

Editor, concept, and project director
Anna Minguet

Project's selection, design and layout
Patricia Martínez (equipo editorial Monsa)

INSTITUTO MONSA DE EDICIONES
Gravina 43 (08930)
Sant Adrià de Besòs
Barcelona (Spain)
Tlf. +34 93 381 00 50
www.monsa.com
monsa@monsa.com

Visit our official online store!
www.monsashop.com

Follow us!
Facebook: @monsashop
Instagram: @monsapublications

Cover image © Javier de Paz García (All I Own House)
Back cover images © Javier de Paz García (Stella House) | Katherine Lu (Darlinghurst Apartment)

ISBN: 978-84-16500-56-7
D.L. B 17398-2017
Printed by Indice

MODULAR LOFT

Creating flexible-use living environments that optimize the space

monsa

INTRODUCTION

There are two essential premises that mark the route of these projects: The first and more important involves having the complete agreement of the client; although this type of housing does not waive basic standards of comfort and liveability, in many instances it denotes a lifestyle that turns its back on ordinary paradigms and puts the basic necessities into perspective. The second is a matter of discerning and distilling the client's program priorities, as these are especially significant in paring down the restrained design of the spaces.

Besides being ingenious and capable, planners make creative use of construction techniques, often artisanal, to create flexible-use living environments that optimize the use of space. Some recurring elements in this type planning are enclosures that integrate and conceal furnishings, new lofts that take advantage of underutilized interior height, furniture that can be moved to differentiate areas, and independent volumes that focus functional areas.

Dos premisas esenciales marcan la hoja de ruta de estos proyectos: La primera y más importante implica contar con la total complicidad del cliente; esta tipología doméstica no renuncia a unos estándares básicos de confort y habitabilidad, pero en muchas ocasiones simboliza un estilo de vida que rehúye los patrones habituales y relativiza las necesidades. La segunda intenta discernir y simplificar las prioridades programáticas del cliente, que en estos casos condicionan de manera especialmente significativa el ajustado diseño de los espacios.

Al ingenio y a la habilidad de los proyectistas se une un uso creativo de las técnicas constructivas, frecuentemente vinculadas a la artesanía, para crear unos entornos habitables caracterizados por la flexibilidad de usos y el aprovechamiento del espacio. Cerramientos que integran y ocultan el mobiliario, nuevos altillos que se benefician de la altura libre interior, muebles con capacidad para desplazarse y diferenciar ámbitos, o volúmenes independientes que concentran áreas funcionales, son algunos de los elementos recurrentes en este tipo de actuaciones.

8   **DOMINO LOFT** _ Charles Irby, Peter Suen
San Francisco, USA

14   **5:1 APARTMENT** _ Michael K Chen Architecture (MKCA)
New York, USA

22   **ALL I OWN HOUSE** _ Enorme Studio & Eeestudio
Madrid, Spain

32   **MINI LOFT** _ Silvana Citterio
Milan, Italy

40   **BATIPIN FLAT** _ studioWOK architetti
Milan, Italy

48   **STELLA HOUSE** _ Enorme Studio & Eeestudio
Madrid, Spain

56   **DARLINGHURST APARTMENT** _ Brad Swartz Architects
Darlinghurst, Australia

66   **CHANGEABLE SCENE** _ Studioata
Salamanca, Spain

74   **BIOMBOMBASTIC** _ elii
Madrid, Spain

82   **LIVING WORKSHOP** _ Ullmayersylvester architects Ltd.
London, Great Britain

90   **XADREZ STUDENT'S APARTMENT** _ UMA Collective
Lisbon, Portugal

98   **HARBOUR ATTIC** _ Gosplan Architects
Camogli, Italy

106   **PROTOTYPE OF THE CITY CUBE** _ Richél Lubbers architects
Homeruslaan, The Netherlands

114   **FISHERMAN HOUSE** _ Gosplan Architects
Boccadasse, Italy

122   **GENEVE FLAT** _ FREAKS Architects
Geneva, Switzerland

128   **TRAVELBOX OLOT** _ JUUST
Mobile

136   **THE BIKE SHELF** _ KNIFE & SAW

DOMINO LOFT

Charles Irby, Peter Suen
www.icosadesign.com
Location: San Francisco, USA
Photos © Brian Flaherty

A two-story multipurpose structure installed in this small apartment transforms it into a dynamic and more efficient space. Its factorymade components — concrete panels, wooden strips, and built-in furniture— were assembled inside the dwelling. The design provides several storage areas and a sleeping loft; there is also a space that can be used as either a dining room, a guest room, or a work space.

La implantación de un mueble multifuncional de dos niveles transforma el interior de un pequeño apartamento en un espacio dinámico y de mayores prestaciones. Formado por paneles de hormigón, listones de madera y mobiliario integrado, sus componentes fueron fabricados en taller y ensamblados en la casa. Su diseño permite disponer de varias zonas de almacenamiento y de un dormitorio situado en el altillo, y también, de forma alternativa, de un comedor, de un cuarto de visitas o de un espacio de trabajo.

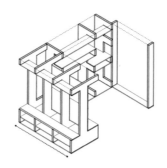 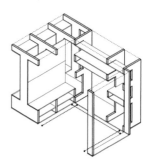

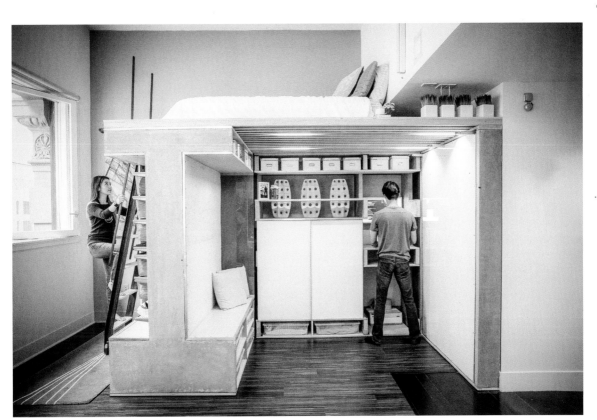

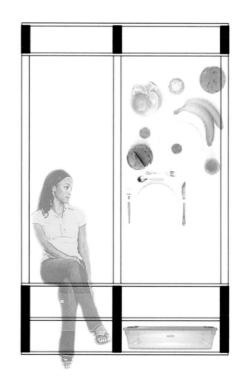
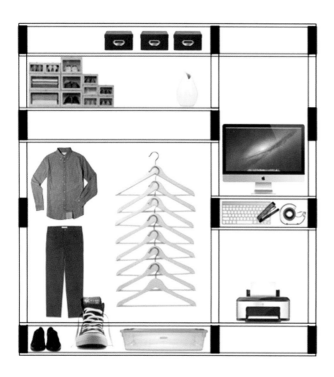

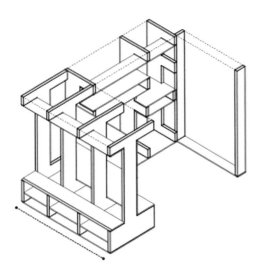
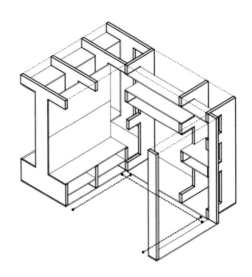

The design of the area under the loft features a continuous bench and furniture that can be unfolded as needed, like a dining table or a guest bed.

El diseño de la zona situada bajo el altillo incorpora un banco corrido y elementos de mobiliario que pueden desplegarse en función de las necesidades, como una mesa de comedor o una cama de invitados.

5:1 APARTMENT

Michael K Chen Architecture (MKCA)
www.mkca.com
Location: New York, USA
Area: 36 m^2 / 390 sq ft
Photos © Alan Tansey (www.alantansey.com)

Situated in a 1920's co-op building in the Gramercy Park neighborhood of Manhattan, the apartment was entirely reimagined by MKCA.

The 5:1 Apartment is the latest evolution of MKCA's work on ultra-functional urban micro housing, containing the functional and spatial elements for living, working, sleeping, dressing, and entertaining within a compact 390 square feet. A motorized sliding storage element glides from one end of the room to the other, creating several distinct spaces within the apartment and revealing and exchanging spaces between daytime and nighttime zones.

Situado en un edificio cooperativo de los años 20 en el barrio de Gramercy Park de Manhattan, el apartamento fue totalmente reinventado por MKCA.

5:1 Apartment es la última evolución del trabajo de MKCA sobre micro viviendas urbanas ultra-funcionales, que contiene los elementos funcionales y espaciales para vivir, trabajar, dormir, vestirse y entretenerse dentro de un espacio compacto de 36 m^2. Un elemento de almacenamiento deslizante y motorizado se desliza de un extremo de la habitación a otro, creando varios espacios distintos dentro del apartamento y mostrando e intercambiando espacios entre las zonas diurnas y nocturnas.

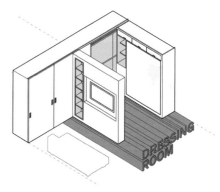

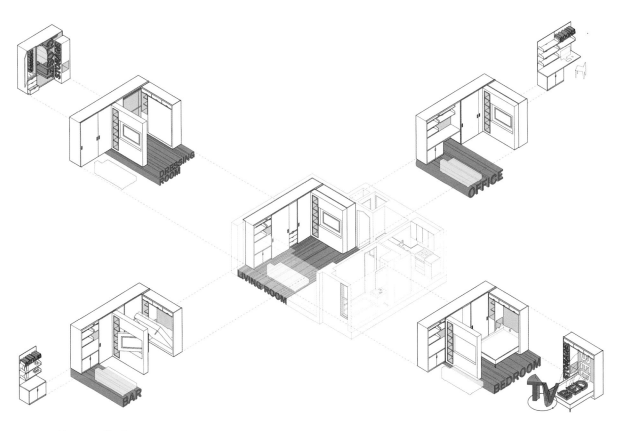

Diagram final

As the moving volume pulls away from the wall, it reveals a dressing room zone with built-in dresser drawers and clothing storage. Fully extended, the space for a queen-sized fold-down bed is created. The sliding element is powered and cabled for television and audio, and houses all of the audiovisual and networking components of the apartment along with additional storage and display space. A pivoting enclosure with custom speakers allows the television to rotate 180 degrees for viewing from the seating area, or the bed and dressing rooms. A built-in nightstand with power for a reading light and alarm clock is located adjacent to the headboard.

A medida que el volumen móvil se aleja de la pared, deja al descubierto una zona de vestuario con cajones incorporados y un vestidor. Completamente extendido se crea espacio para una cama plegable de matrimonio. El elemento deslizante está cableado para conectar la televisión y el audio, y alberga todos los componentes audiovisuales y de red del apartamento, junto con almacenamiento adicional y espacio de visualización. Un bloque giratorio con altavoces personalizados permite al televisor girar 180° para que pueda verse desde el sofá, la cama y los vestidores. Al lado del cabecero hay una mesilla con corriente incorporada para una lámpara de lectura y un reloj despertador.

ALL I OWN HOUSE

PKMN Architectures (Enorme Studio & Eeestudio)
www.enormestudio.es - www.eeestudio.es
Location: Madrid, Spain
Area: 45 m^2 / 484 sq ft
Photos © Javier de Paz García (www.estudioballoon.es)

Through a carefully made design, totally custom-made, and the combination of carpentry and the use of quite a simple industrial railing system, all the server space in the house is arranged through three wooden, suspended, mobile and transformable containers. This server space can be totally re arranged in just a few seconds, thus allowing, in a variety of combinations with served space, to adapt the whole house according to specific needs for the use of space at the time, enabling infinite homes within a house.

A través de un cuidadoso diseño, hecho totalmente a medida, y de la combinación del trabajo de carpintería con el uso de un sencillo sistema de guías industriales, se organiza todo el espacio servidor de la casa mediante tres contenedores de madera OSB suspendidos, móviles y transformables. Este espacio servidor puede ser totalmente reorganizado en unos segundos, permitiendo, en sus distintas combinaciones con el espacio servido, adaptar toda la casa según necesidades concretas de uso del espacio en cada momento, posibilitando una casa que son infinitas casas.

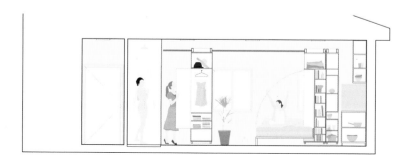

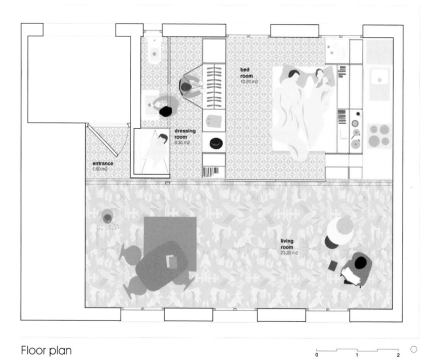

Floor plan

0   1   2

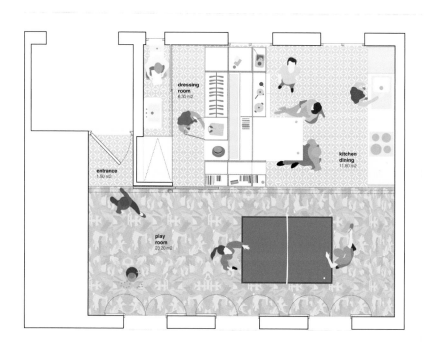

Floor plan

0   1   2

Section

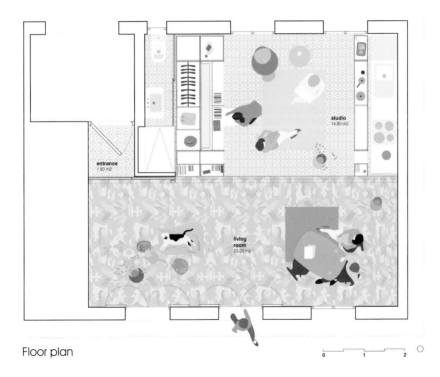

Floor plan

The All I Own House project was born through a co-design process with the client. It is a modular system that can be totally adapted to each of the unique peculiarities of future inhabitants.

El proyecto All I Own House deriva de un proceso de co-diseño con el cliente. Un sistema modular que puede ser totalmente adaptado a cada una de las singularidades de los futuros habitantes.

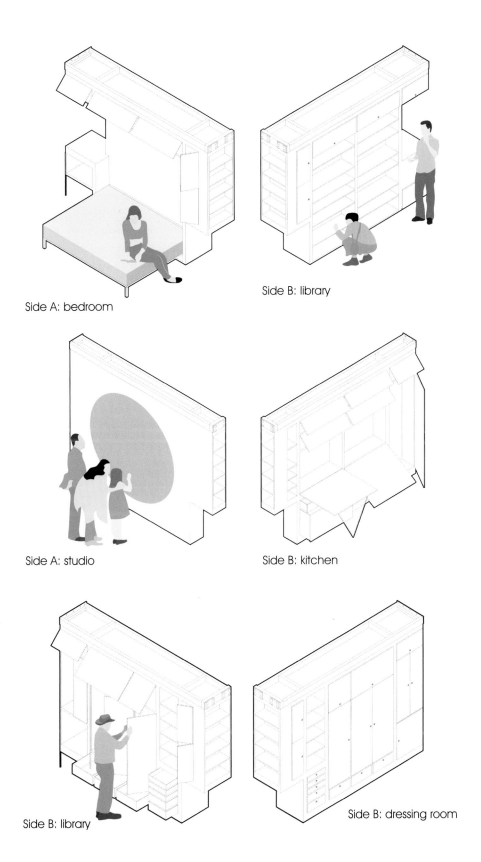

Side A: bedroom

Side B: library

Side A: studio

Side B: kitchen

Side B: library

Side B: dressing room

It lets people work with a system which is industrialised or transformable into a hands-on kit that can be adapted or tweaked to each specific user.

Trabajar con un sistema industrializado o transformable en un kit de uso que pueda ser a su vez adaptado o tuneado a cada uno de los distintos usuarios.

MINI LOFT

Silvana Citterio
www.silvanacitterio.it
Location: Milan, Italy
Area: 15 m² / 161 sq ft
Photos © Silvana Citterio

The objective is to get the most out of space and comfort in the least space. The technical compartment, seen initially as an obstacle to be eliminated, and the need to have the hidden kitchen were the inputs that inspired the solution: a footboard, one meter above ground, where all the features and amenities of the house were incorporated was the most linear and consistent solution.
Throughout the loft, the materials used are teak wood for the floor, staircase and footboard, while for the bathroom wall coating a 10x20 cm Ceramic Vogue silk-colored quilted ceramic. The white walls, together with the large mirrors in the dining area and the bathroom, dilate the space and distribute the light that enters abundant from the large glass door.

El objetivo es aprovechar al máximo la superfície y el confort en el menor espacio. El compartimento técnico, que inicialmente se consideraba un obstáculo a eliminar, y la necesidad de tener la cocina oculta fueron las aportaciones que inspiraron la solución, la cual consiste en un mueble al pie de la cama, a un metro sobre el suelo, donde se incorporaron todos los elementos y comodidades de la casa. Los materiales utilizados en todo el loft son madera de teka para el suelo, la escalera y el mueble modular; mientras que el revestimiento de la pared del baño es una cerámica Vogue biselada, de color seda de 10x20 cm. Las paredes blancas, junto con los grandes espejos en el comedor y el baño, dilatan el espacio y distribuyen la luz abundante que entra desde la gran puerta de cristal.

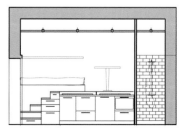

Reduced size - 3 by 4.5 meters, height 2.8 - and a single large window, a 1.2 meter high technical compartment, the exterior bathroom but with an inner shower compartment: There were complications and limitations, first of all, but also spark of the idea that led to the creation of the Miniloft.

Con un tamaño reducido (3 x 4,5 metros y 2,8 de altura), un único ventanal, un compartimento técnico de 1,2 metros de altura y el baño exterior con un compartimiento para la ducha, hubo complicaciones y limitaciones al principio, pero también saltó la chispa de la idea que condujo a la creación del Miniloft.

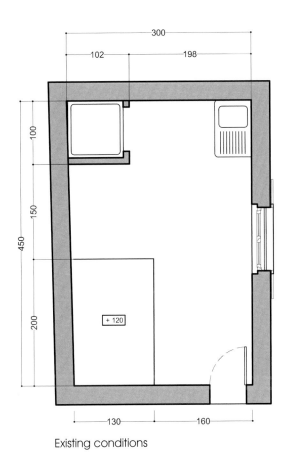

Existing conditions

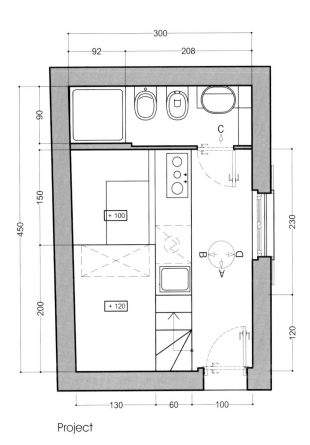

Project

The kitchen is located under the walkable floor that goes through to reach the dining area or the sofa bed. The use of the kitchen is immediately made available by the opening of two doors that conceal a kitchen without hanging cabinets but complete with all amenities: dishwasher, fridge, oven, induction hob, various drawers and dispensers to hold foods and accessories. At completion, other drawers were made in the staircase structure that allows you to climb on the platform, in the view of a full, rational, efficient use of the space available.

La cocina se encuentra bajo el mueble y llega hasta la zona del comedor o sofá cama. Se puede utilizar abriendo dos puertas que la ocultan, sin armarios colgantes pero completa con todos sus accesorios: lavavajillas, nevera, horno, placa de inducción, y varios cajones y dispensadores para guardar alimentos y utensilios. Al finalizar y para cubrirla se diseñaron además otros cajones en la estructura de la escalera que permiten subir a la plataforma del sofá cama, con el fin de tener un uso del espacio disponible completo, racional y eficiente.

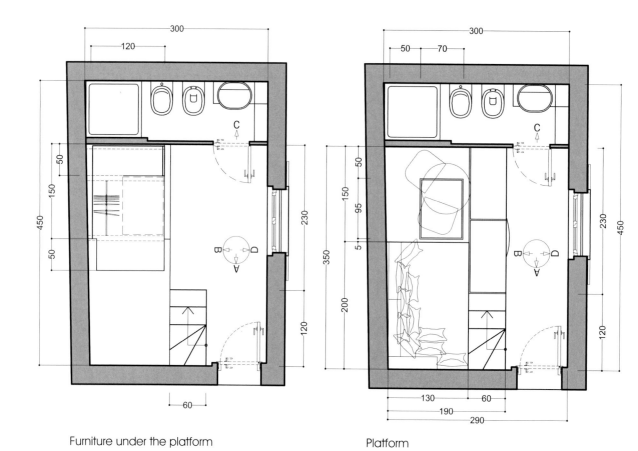

Furniture under the platform

Platform

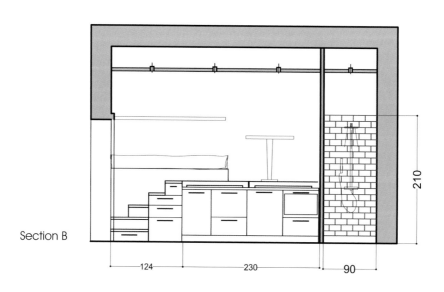

Section B

Below the fitted volume there is a wardrobe accessible by a walkthrough on the floor of the dining area through a folding ladder inside it.
The bed, which also has a sofa function, is located on the technical compartment.

Debajo del mueble equipado hay un vestidor al cual se accede a través de una trampilla de madera que se encuentra en el suelo del comedor, la cual a su vez contiene una escalera plegable en su interior.
La cama, que también tiene función de sofá, se encuentra en el compartimento técnico.

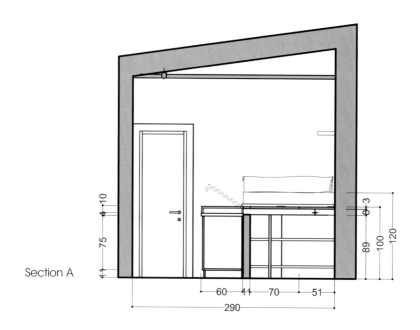

Section A

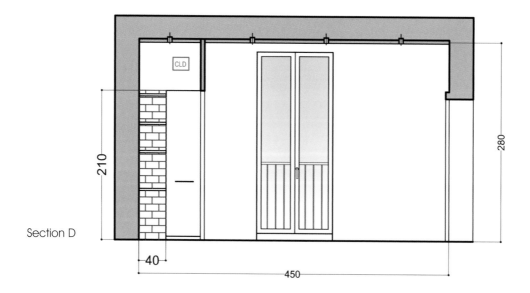

Section D

The bathroom was built in the existing shower compartment that was incorporated into the room and completed with toilet, bidet, washbasin, a large wardrobe and a practical niche in the back of the sanitary cabinet.

El cuarto de baño se construyó en el compartimento existente de la ducha, el cual fue incorporado a la habitación y rematado con un tocador, un bidet, un lavabo, un guardarropa grande y un práctico hueco en la parte posterior del mueble sanitario.

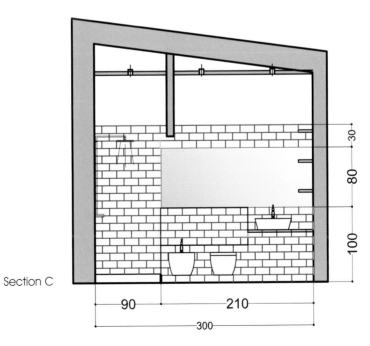

Section C

90　　210

30

80

100

300

BATIPIN FLAT

studioWOK architetti
www.studiowok.com
Location: Milan, Italy
Area: 28 m^2 / 301 sq ft
Photos © Federico Villa

Two vertical faced walls, constructed of wooden panels, define the principal space in this small apartment. Their unique design allows them to bring together and conceal some of the household furniture, including a folding bed, and they contain the sliding doors that lead into the kitchen and bathroom. This frees up an open plan space that is very flexible in terms of layouts for different uses. A large picture window, flanked by two wooden walls, extends the interior space out toward the terrace.

Dos paramentos verticales enfrentados, construidos con paneles de madera, definen el ámbito principal de este pequeño apartamento. Su especial diseño concentra y oculta elementos del mobiliario de la casa, incluyendo una cama abatible, e integra las puertas deslizantes de acceso a cocina y baño. De esta forma se libera un espacio diáfano, muy flexible frente a las diferentes configuraciones de uso. Un gran ventanal, flanqueado por las dos paredes de madera, extiende el espacio interior hacia la terraza.

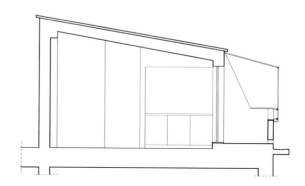

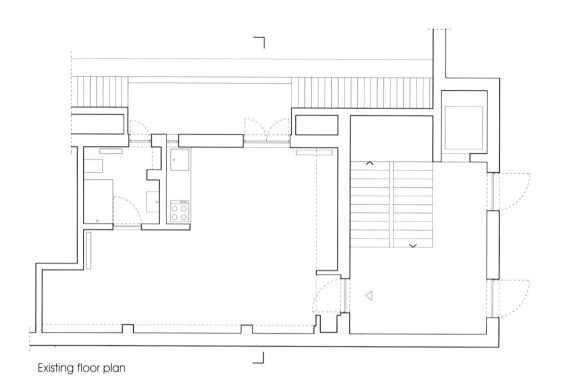

Existing floor plan

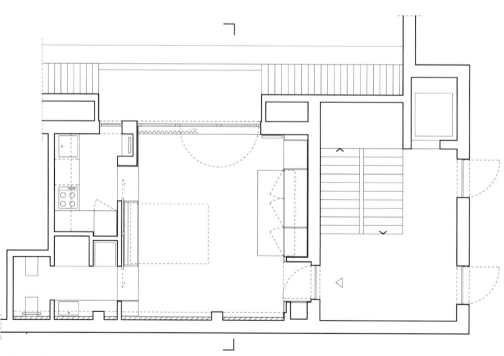

Project floor plan

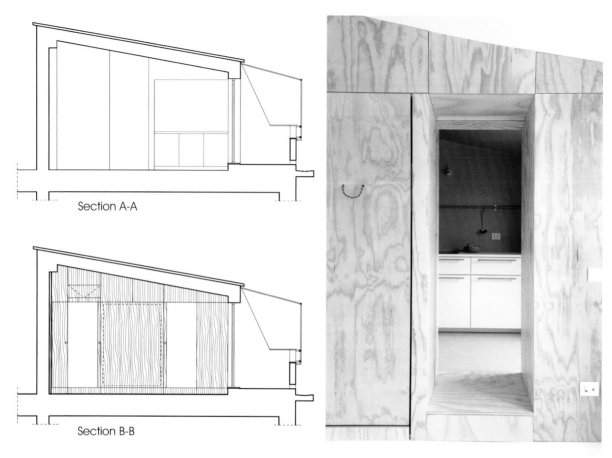

Section A-A

Section B-B

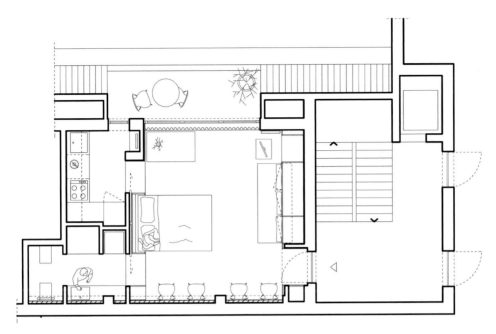

Wake-up

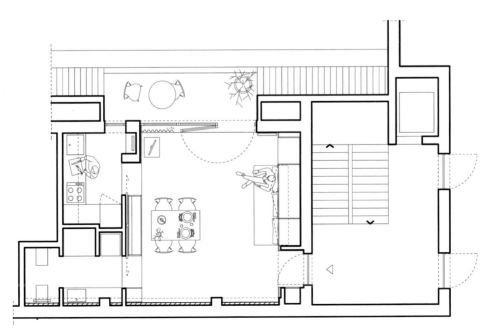

Lunch time

The kitchen and bathroom were designed as two monochrome blue spaces; this contrasts with the luminous white used in the living room, which enhances the grain of the wooden walls.

La cocina y el baño se diseñan como dos espacios monocromos de color azul, en contraste con el luminoso color blanco utilizado en la sala de estar, que resalta la textura de los paramentos de madera.

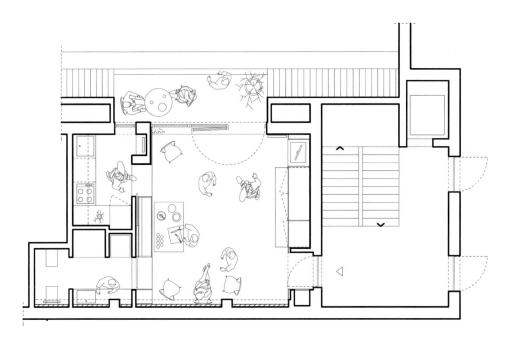

Let's party

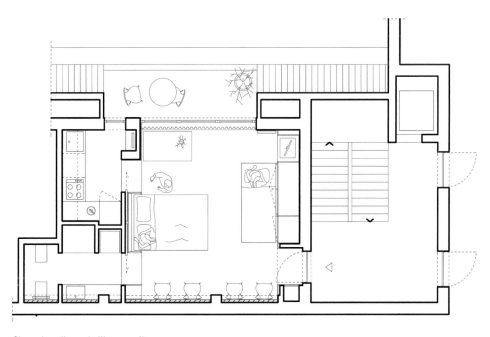

Sleeping time (with guest)

STELLA HOUSE

PKMN Architectures (Enorme Studio & Eeestudio)
www.enormestudio.es - www.eeestudio.es
Location: Madrid, Spain
Area: 42 m^2 / 452 sq ft
Photos © Javier de Paz García (www.estudioballoon.es)

Stella is Colombian and her husband Michael comes from England. The couple lives with their two young children in the center of Madrid. They frequently have visits from relatives and friends from both sides of the Atlantic Ocean.
The well-known "guest room" seemed the only possible solution for their situation but it narrowed excessively their social spaces, the heart of their home, where the whole family meets. A daybed was not even an option, they didn't want to turn their living room into a kind of improvised bedroom.

Stella es colombiana y su marido Michael, inglés. El matrimonio vive con sus dos hijos pequeños en el centro de Madrid. Reciben múltiples visitas de familiares y amigos desde ambos lados del océano Atlántico.
La famosa "habitación de invitados" parecía la única solución posible pero reducía demasiado el espacio común del salón, el corazón de la casa, donde confluye toda la familia. La otra opción descartada era un sofá cama que convertiría el salón en una molesta habitación improvisada.

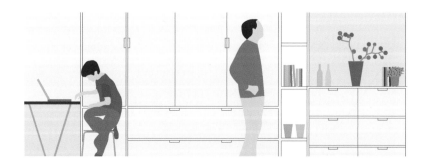

A motor-driven moving wall four and a half meters long allows them to have an extra bedroom that disappears at a simple push of a buttom, an extra space that have, over time, become Michael and Stella's office, when they have to finish some work at home. It also provides a folding dining table on one side and works as playroom for the children at the same time. Guest room appears only at night and during the day it can be narrowed so that it becomes a wardrobe where guests can change clothes.

A partir de una pared móvil motorizada de 4 metros y medio, ese dormitorio extra aparece y desaparece con sólo pulsar un botón y con el tiempo se ha convertido en el despacho de Michael o Stella cuando vuelven a casa aún con trabajo por hacer. También posee una mesa de comedor plegable en un lado del salón, y es una sala de juegos para los niños al mismo tiempo. La habitación de invitados aparece sólo durante la noche e incluso durante el día puede reducir su tamaño para convertirse en un simple ropero en el que pueden cambiarse las visitas.

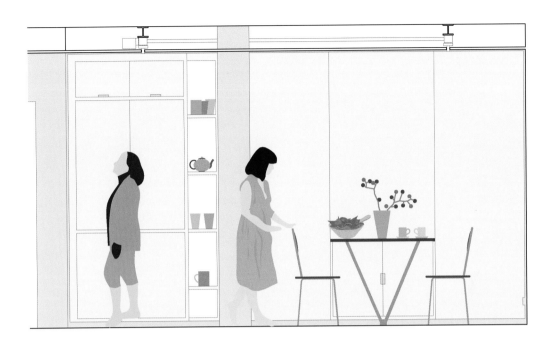

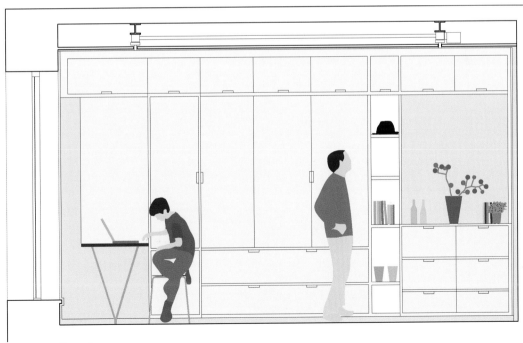

Elevations

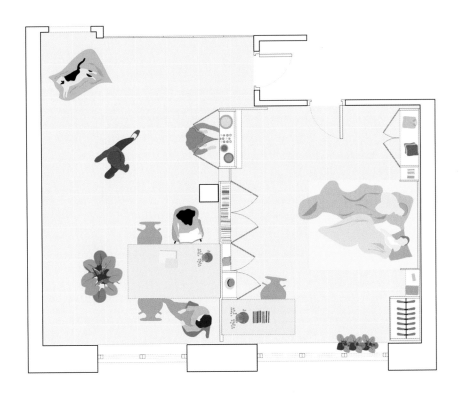

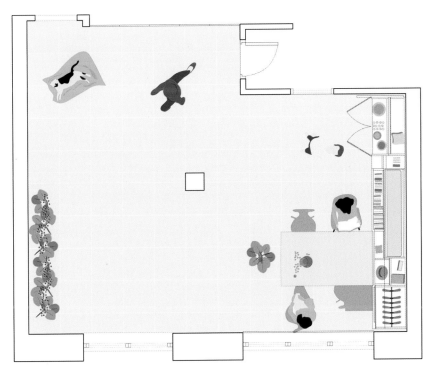

Floor plans

DARLINGHURST APARTMENT

Brad Swartz Architects
www.bradswartz.com.au
Location: Darlinghurst, Australia
Area: 27 m² / 291 sq ft
Photos © Katherine Lu

Through the relocation of the kitchen, and the insertion of a white joinery unit this 27sqm apartment has been re-designed to comfortably accommodate a couple with a sense of luxury found in apartments more than twice its size.
The brief was simple: to design a functional apartment for a couple to live and entertain in. Generous storage spaces, an internal laundry and a dining space were therefore essential. However, this seemingly modest brief understates the complexity of the project, which was constantly bound by a tight budget and tighter space constraints.

A través de la reubicación de la cocina y la inserción de un mueble modular blanco, este apartamento de 27 m² ha sido re-diseñado para alojar cómodamente a una pareja que habitualmente vive en apartamentos que tienen más del doble de este tamaño. La síntesis es simple: diseñar un apartamento funcional para que una pareja viva cómodamente. Por ello, resultaba esencial tener amplios espacios de almacenamiento, una lavandería interna y un espacio para comer. Sin embargo, esta síntesis aparentemente modesta subestima la complejidad del proyecto, el cual estaba constantemente limitado a un presupuesto ajustado y restricciones de espacio más estrictas.

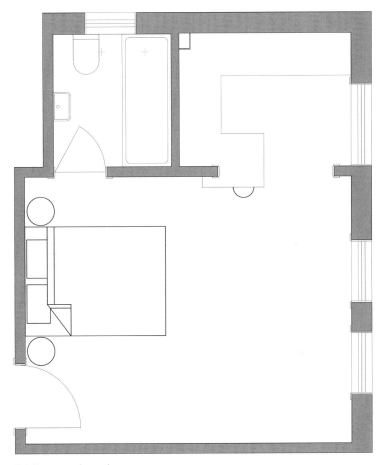

Existing apartment

Whilst this apartment was initially one room, the concept was to re-instate a public and private divide to define two distinct zones:

A public living, dining, and kitchen space was formed by relocating the kitchen to create open plan living. A minimalist design approach was then taken to the interior design of the room to maximise the feeling of space and light.

The private space then required a pragmatic approach. Storage requirements were carefully considered and the bedroom striped back to basics, primarily just accommodating the bed. The storage and bed were then stacked and inserted over each other like Tetris pieces to maximise the requirements in the most minimal space. This area is carefully hidden behind a white joinery unit.

Si bien este apartamento era inicialmente una habitación, el concepto era insertar de nuevo una división pública y privada para definir dos zonas distintas: Se creó un espacio público para estar, cenar y cocinar reubicando la cocina para crear un comedor abierto. Un enfoque de diseño minimalista se trasladó entonces al diseño interior de la habitación para maximizar la sensación de espacio y luz.

El espacio privado necesitaba entonces una visión pragmática. Se tuvieron en cuenta cuidadosamente las necesidades de almacenamiento y la habitación se dejó con lo básico, principalmente para alojar únicamente la cama. Los cajones y la cama fueron apilados y colocados unos sobre otros como piezas de Tetris para maximizar los requisitos en el más mínimo espacio. Esta zona está cuidadosamente escondida detrás de un mueble modular.

1. Bathroom
2. Laundry
3. Bedroom
4. Kitchen / Dining
5. Living

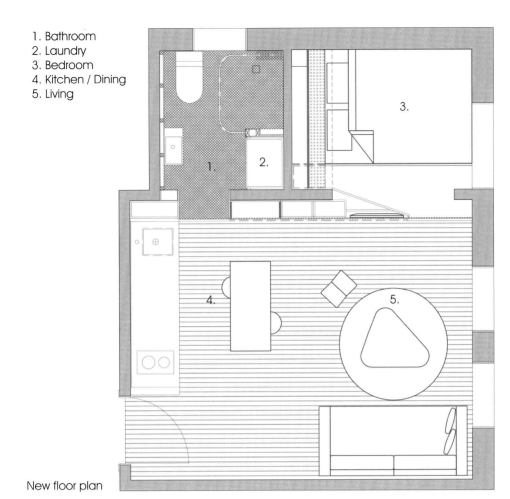

New floor plan

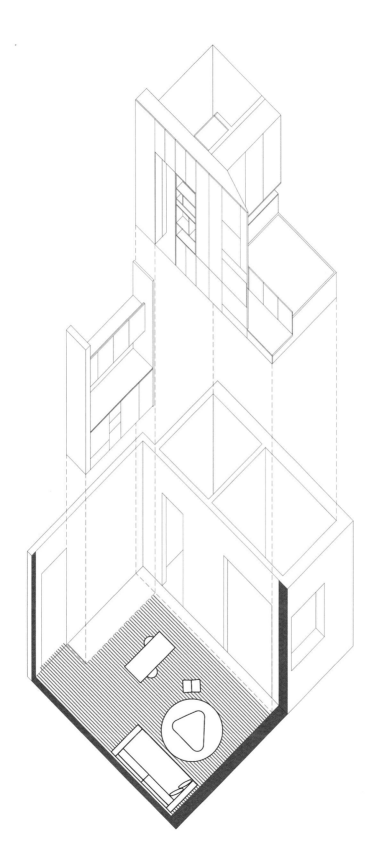

CHANGEABLE SCENE

Studioata
www. studioata.com
Location: Salamanca, Spain
Area: 50 m² / 538 sq ft
Photos © Vicente de la Calle, Eduardo Núñez López, Studioata

This project originated with the owner's wish to provide her home with an open, multi-functional space that could work as a classroom as well as a room for guests. The elevated platform, inspired by Japanese tradition, contains two double beds and storage spaces, so that the room is both distinctive and convertible. A sliding cabinet can divide the space into two separate areas.

Este proyecto nace de la voluntad de la propietaria de dotar a su vivienda de un espacio abierto y multifuncional, que pudiese funcionar tanto de aula como de habitación de invitados. La creación de una plataforma elevada inspirada en la tradición japonesa, que alberga en su interior dos camas dobles y espacios de almacenamiento, permite disponer de un ámbito diferenciado y convertible. Un mueble contenedor, dotado de un sistema de desplazamiento, permite dividir este ámbito en dos zonas independientes.

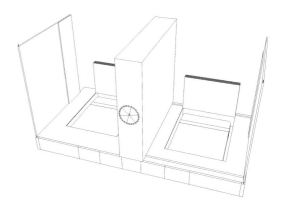

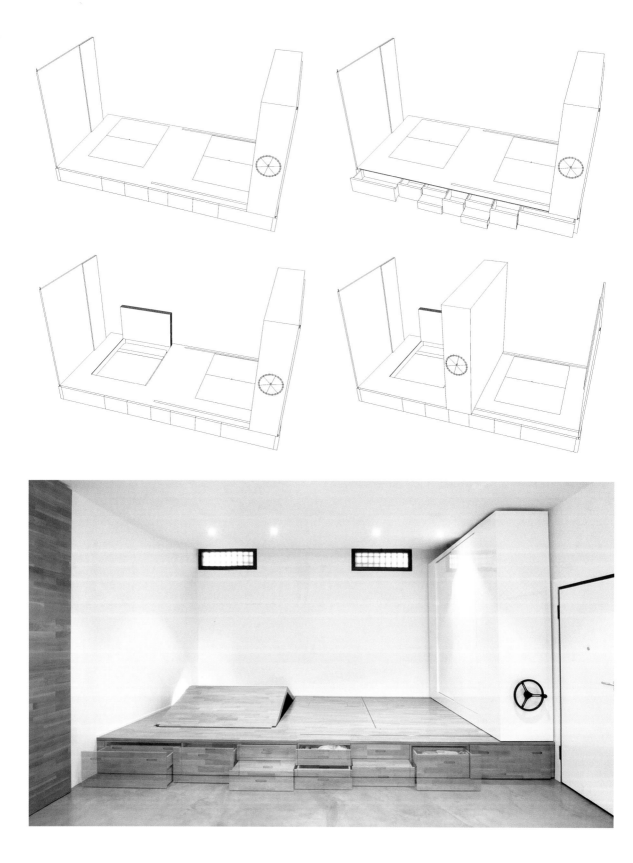

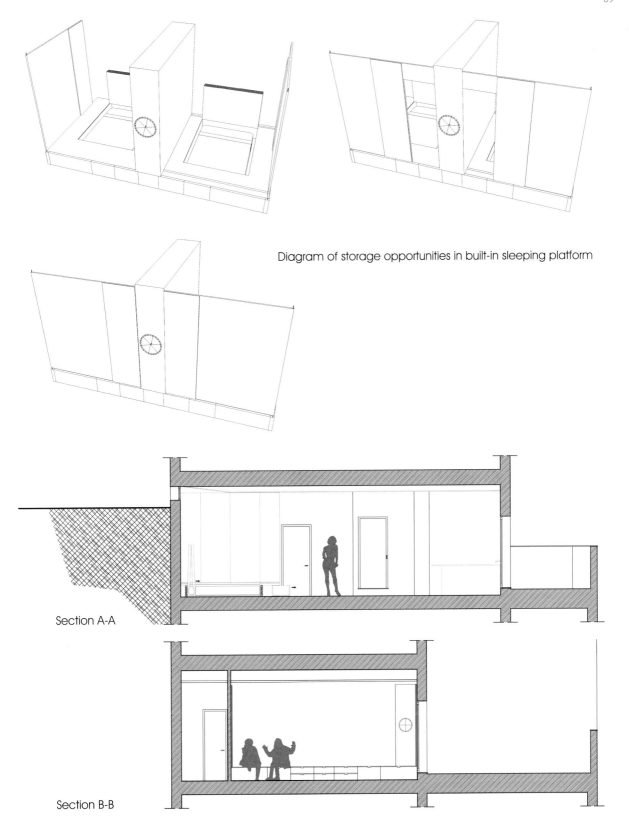

Diagram of storage opportunities in built-in sleeping platform

Section A-A

Section B-B

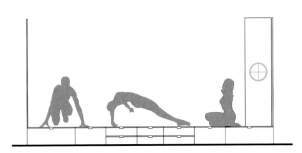
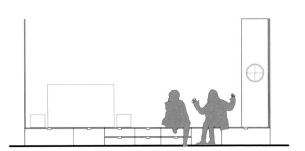

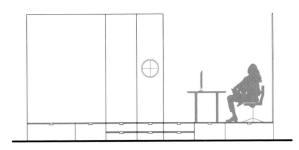
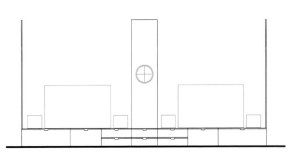

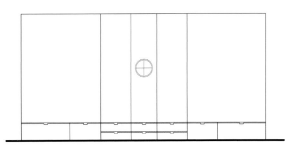

By moving the sliding cabinet and opening or closing the beds, it becomes possible to create configurations for a variety of uses, such as a massage studio, classroom, living room, guest room, etc.

El desplazamiento del mueble separador y la posibilidad de abertura de las camas permite generar diversas configuraciones de usos: sala de masajes, aula para clases, sala de estar, dormitorio de invitados, etc.

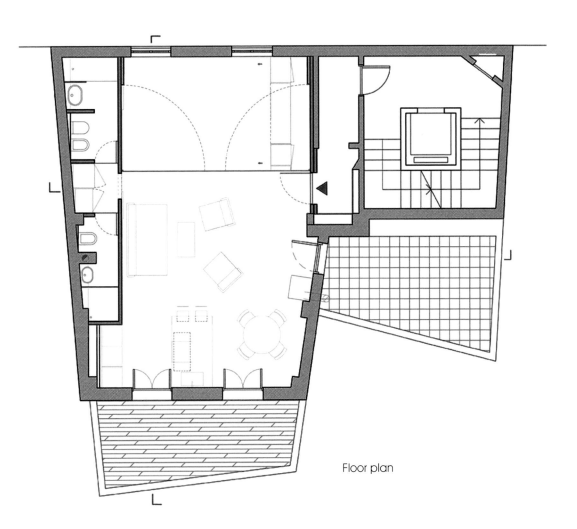

Floor plan

BIOMBOMBASTIC

elii
www.elii.es
Location: Madrid, Spain
Area: 25 m² / 269 sq ft
Photos © Miguel de Guzmán, Rocío Romero

This older downtown apartment was remodeled around an airy, rectangular central space, created by grouping the functional pieces into an ell that was formed along two sides. Against one of the two free walls is a hinged screen that can fold like origami paper, and create many possible partitions, so that the dwelling becomes a flexible space suitable for numerous layouts.

Esta renovación de un antiguo piso del centro de la ciudad se estructura alrededor de un espacio central diáfano y rectangular, generado mediante la agrupación del programa funcional en un esquema en "L", desarrollado sobre dos de sus lados. Un biombo articulado a modo de papel de origami, integrado sobre una de las dos paredes libres del rectángulo, genera diversas posibilidades de compartimentación dentro de la casa, que deviene un espacio flexible y abierto a múltiples configuraciones domésticas.

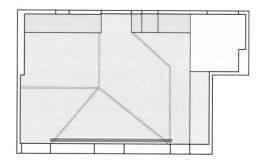

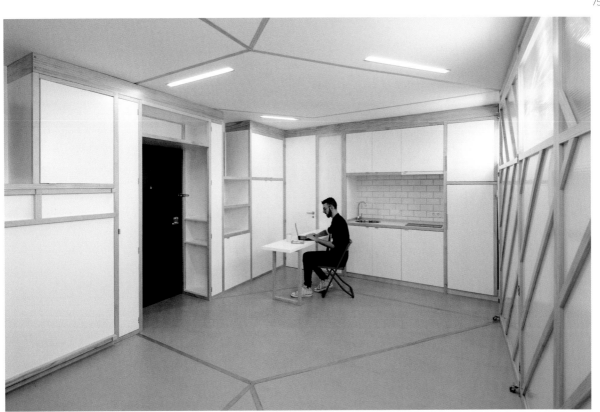

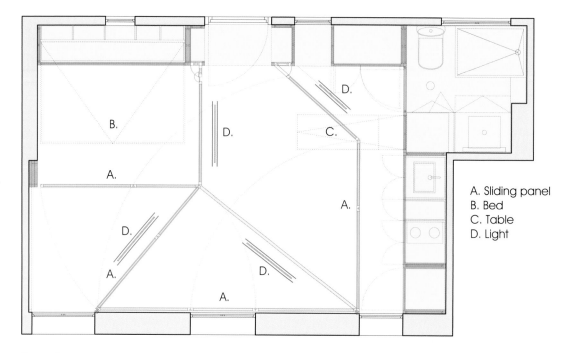

A. Sliding panel
B. Bed
C. Table
D. Light

Floor plan

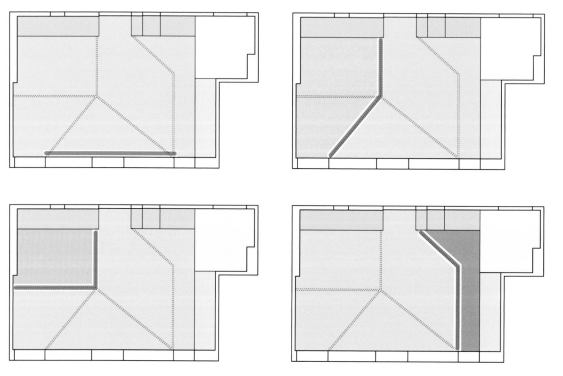

Layout options

Wooden tracks on the floors, walls, and ceiling organize the space, showing where the screen could be placed when it is moved, and indicating the lighting for the different spaces that are formed.

Unos carriles de madera situados en suelos, paredes y techo, ordenan el espacio y marcan los puntos de fijación del biombo al desplazarse y la iluminación de los diferentes ámbitos que se generan.

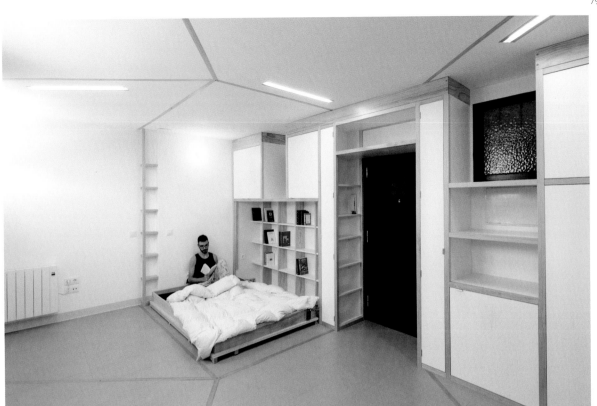

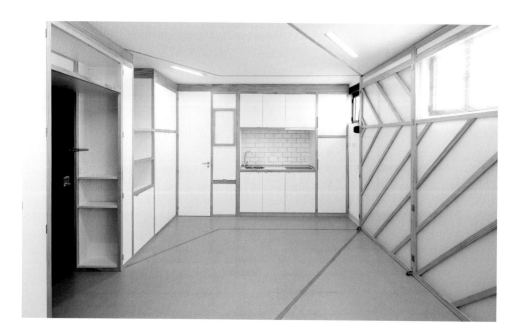

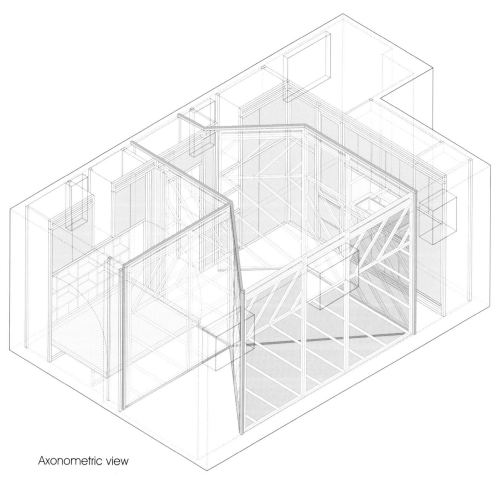

Axonometric view

LIVING WORKSHOP

Ullmayersylvester architects Ltd.
www.ullmayersylvester.com
Location: London, Great Britain
Area: 53,5 m^2 / 575 sq ft
Photos © Kilian O'Sullivan

The transformation of this attic in a traditional Victorian building eliminates the existing interior partitions and accesses the space under the roof. This creates an open plan double-height home, also used as a workshop. A loft, open to the lower floor becomes the bedroom. Within the abstract and functional design of the project, the neutral-colored surfaces become canvases readied for a lifestyle in constant change.

La transformación de este ático, situado en un tradicional edificio de estilo victoriano, elimina las particiones interiores existentes e incorpora el espacio situado bajo la cubierta. Se crea así una vivienda de un único ambiente a doble altura, también utilizado como taller, en el que un altillo abierto hacia la planta inferior alberga el dormitorio. Dentro de la concepción abstracta y funcional del proyecto, las superficies de tonos neutros representan lienzos preparados para una vida en constante cambio.

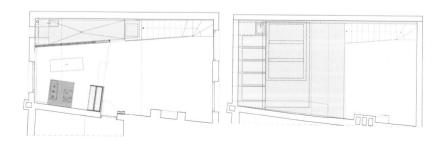

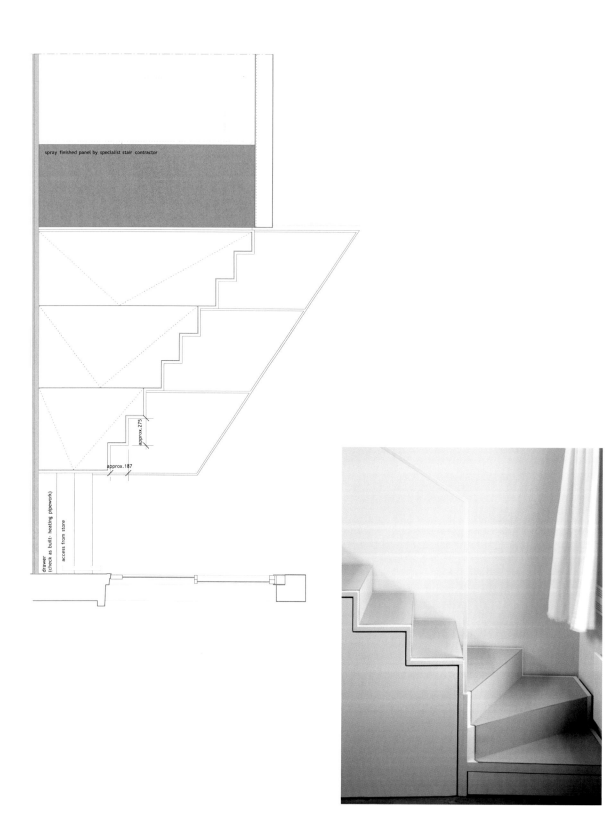

spray finished panel by specialist stair contractor

approx.275

approx.187

drawer
(check as built- heating pipework)

access from store

A slanting line outlines the volume that contains the bathroom, thus setting off the funnel-shaped geometry of the original floor and opening up the spaces so that they appear larger.

La directriz inclinada, que define el volumen que contiene el baño y e integra la escalera, juega con la geometría en forma de embudo de la planta original para abrir los espacios, de manera que parezcan más grandes.

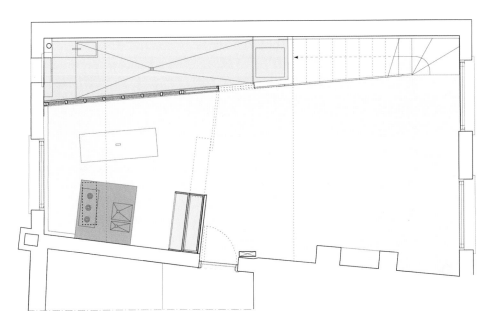

Main floor plan

Kitchen plan island + table

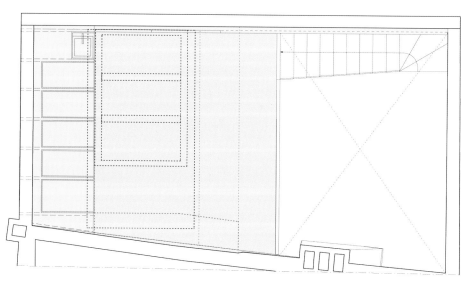

Mezzanine

XADREZ STUDENT'S APARTMENT

UMA Collective
www.umacollective.pt
Location: Lisbon, Portugal
Area: 50 m² / 538 sq ft
Photos © Rui Cruz, UMA Collective

Here, an apartment close to a university is remodeled to include three student bedrooms, a kitchen, two bathrooms, and an entryway that can be used as a common living space. The design of the bedrooms, conceived as cubes that are 2.5 meters on a side, creates flexible, functional spaces. Folding beds and desks are used, with generous storage capacity in the walls, thus allowing the rooms to be transformed into studies, bedrooms, or leisure spaces.

Remodelación de un apartamento cercano a una zona universitaria, cuyo programa incluye tres dormitorios para estudiantes, cocina, dos baños y una zona de acceso que puede utilizarse como sala común. El diseño de los dormitorios, concebidos a modo de cubos de 2,50 metros de arista, genera unos espacios flexibles y funcionales; el uso de camas y escritorios abatibles y las amplias zonas de almacenaje integradas en los paramentos verticales, permiten transformar las estancias en estudio, dormitorio o lugar de ocio.

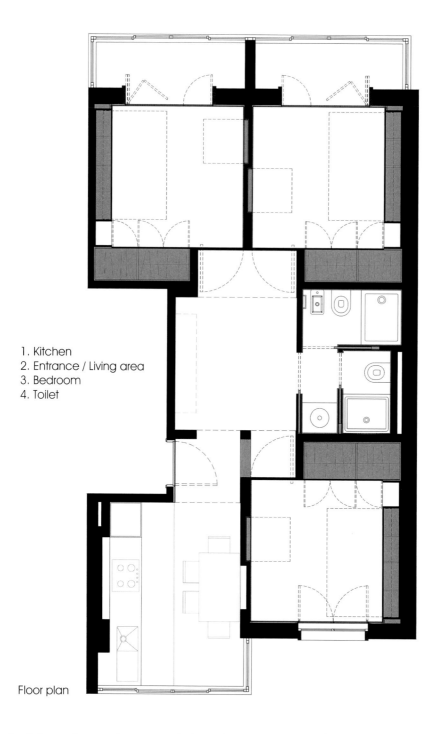

1. Kitchen
2. Entrance / Living area
3. Bedroom
4. Toilet

Floor plan

The plan is to create a contemporary design using technically advanced materials such panels made of OSB (oriented strand board).

La intervención aspira a crear un diseño contemporáneo, para lo cual se utilizan materiales de concepción técnica avanzada como los paneles OSB, producto derivado de la madera compuesto de virutas orientadas y prensadas.

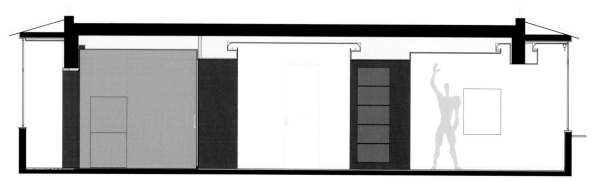

Elevations

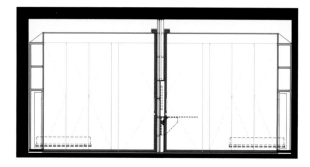
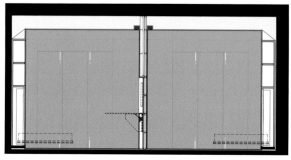

HARBOUR ATTIC

Gosplan Architects
www.gosplan.it
Location: Camogli (Genova), Italy
Area: 35 m^2 / 377 sq ft
Photos © Anna Positano (theredbird.org)

The project is a flat refurbishment in Camogli, a charming village near Genova. This is a small holiday flat, an attic above the old fishermen's harbour. The project aim was to build two bedrooms, a studio, a living room, a kitchen and a bathroom, despite the gambrel roof and the very small floor surface. That led to a tailored apartment, where each room is a piece of furniture: after you have used it, you can close it. The outcome is halfway beetwen an *Existenzminimum* challenge and a fashionable Le-Corbusierian *Cabanon*.

El proyecto consiste en la reforma de un piso en Camogli, un encantador pueblo cerca de Génova. Se trata de un pequeño apartamento vacacional; un ático en la parte alta del puerto pesquero. El objetivo del proyecto era construir dos dormitorios, un estudio, una sala de estar, una cocina y un cuarto de baño, a pesar del techo gambrel y de la superficie de suelo tan pequeña. Eso conduce a un apartamento a medida, donde cada habitación es un mueble: después de haberse utilizado, se puede cerrar. El resultado está a medio camino entre una vivienda mínima y una moderna *Cabanon* de Le-Corbusier.

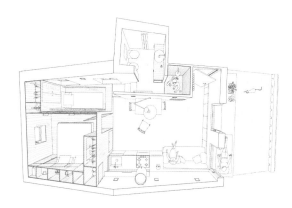

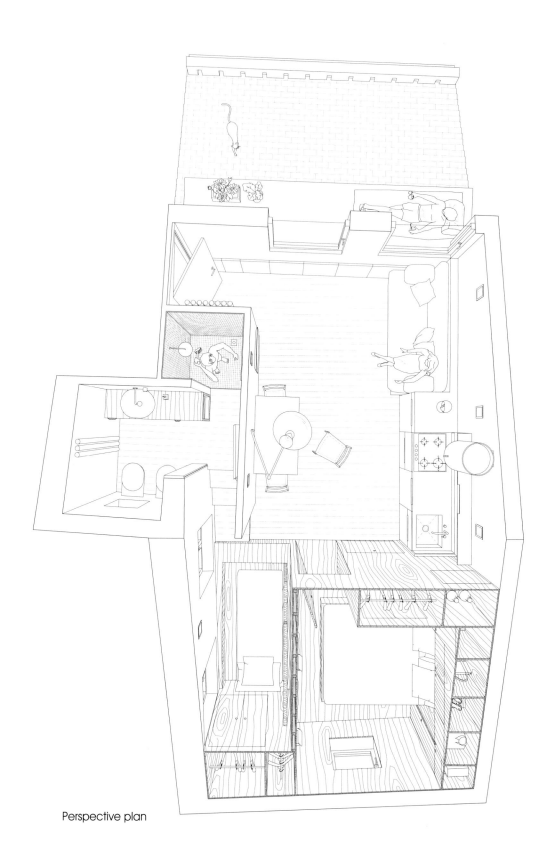

Perspective plan

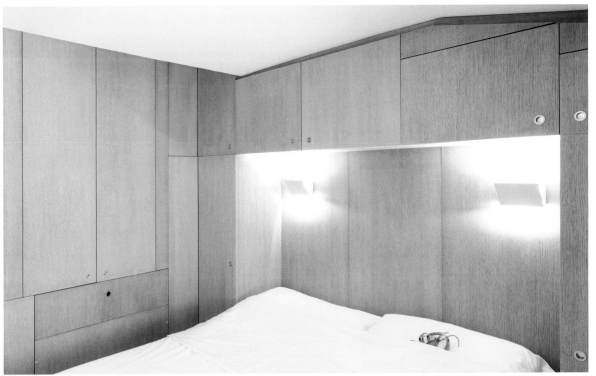

PROTOTYPE OF THE CITY CUBE

Richél Lubbers architects
www.richellubbersarchitecten.nl
Location: Homeruslaan (Utrecht), The Netherlands
Area: 27 m^2 / 290.6 sq ft
Photos © Richèl Lubbers

Richél Lubbers architects, based in Utrecht, recently completed a prototype of a CityCube as part of a development called 'MAC' (Modular Apartment Concept). Richél Lubbers architects designed this as a flexibel interior concept aspecially for the young proffesional generation, seeking for a small apartment. After a period of living it could be upgraded to a larger apartment - due to modifications of the neighbours. This generation likes to have a feel of luxury, but at the same time they don't need to own property. Likewise they have a lifestyle that could change within a short period of time.

El estudio de arquitectos Richél Lubbers, situado en Utrecht, ha finalizado hace poco un prototipo del CityCube como parte de una promoción llamada 'MAC' (Concepto de Apartamento Modular). Richél Lubbers lo diseñó como un concepto interior flexible, especialmente para la generación de profesionales jóvenes que busca un apartamento pequeño. Después de un período de vida útil podría ser reformado y convertido en un apartamento más grande según las modificaciones de los vecinos. A esta generación le gusta tener sensación de lujo, pero al mismo tiempo no necesita poseer una propiedad. Asimismo, tiene un estilo de vida que puede sufrir cambios en un corto período de tiempo.

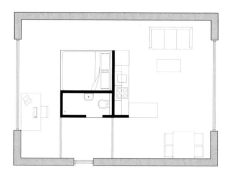

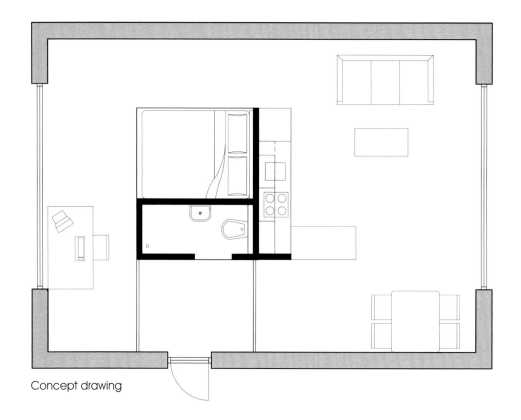

Concept drawing

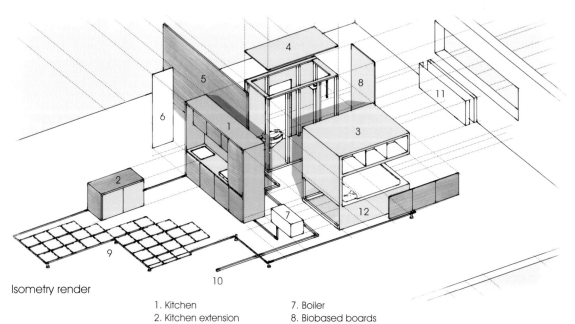

Isometry render

1. Kitchen
2. Kitchen extension
3. Bedroom
4. Bathroom
5. Sliding wall
6. Infrared panel
7. Boiler
8. Biobased boards
9. Raised floor
10. Sanibrayeur
11. Climarad with WTW
12. Storage

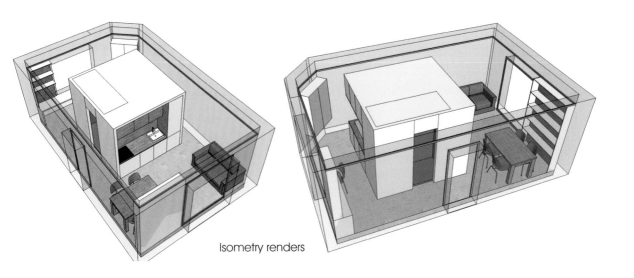

Isometry renders

Richél Lubbers architects created a compact modular unit called "the CityCube", including a bedroom, bathroom and a kitchen. These modular elements can be arrenged in diffent combinations and can be completed by new elements to meet the changing requirements. The elements, which are actually the building blocks of the CityCube, can be seen as an individual building-kit which makes them efficient for transport. This feature provides easy adaptability within existing building structures. By adding all the needed installation systems to the CityCube concept, a self-sufficient solution for each dwelling is within reach.

El estudio de arquitectos Richél Lubbers creó una unidad modular compacta llamada "the CityCube", incluyendo un dormitorio, un baño y una cocina. Estos elementos modulares se pueden disponer en diferentes combinaciones, y pueden completarse con elementos nuevos para satisfacer las necesidades cambiantes. Los elementos, que son en realidad los componentes del CityCube, pueden verse como un kit de construcción individual que los hace eficientes a la hora de transportarlos. Esta característica facilita la adaptabilidad dentro de estructuras de edificios ya existentes. Al incorporar todos los sistemas de instalación necesarios al concepto CityCube, tiene a su alcance una solución autosuficiente para cada vivienda.

Concept office

The prefab elements, made from biobased materials, will fit in a vacant building. This makes a durable solution which provides a new life for the vacant building as well as a second use for biowaste. Once an element is replaced by a newer one, the old one can just be recycled for either a new element or a down-cycling process.

Los elementos prefabricados, hechos de biomateriales, se integrarán en el edificio vacío. Esto proporciona una solución duradera que ofrece una nueva vida al edificio, así como un segundo uso para los residuos biológicos. Una vez que un elemento es reemplazado por otro más nuevo, el antiguo únicamente puede ser reciclado para crear otro nuevo o para un proceso de sub-reciclado.

FISHERMAN HOUSE

Gosplan Architects
www.gosplan.it
Location: Boccadasse (Genova), Italy
Area: 35 m^2 / 377 sq ft
Photos © Anna Positano (theredbird.org)

Boccadasse is a small fishermen harbour in Genoa that inspired many poets and singers with its narrow streets and its beautiful little beach. The tiny flat we refurbished is a typical Genoese "tower house" on four floors, with narrow and steep stairs, whose surface of just 35 square meters is covered by a gambrel roof. The owner's request was to have more storage spaces as possible, a kitchen with a pantry, a work station, a double room, a comfortable living room with a second bed and a play-relax space for a kid.

Boccadasse es un pequeño puerto pesquero en Génova que inspiró a muchos poetas y cantantes con sus estrechas calles y su pequeña y bonita playa. El pequeño apartamento que hemos reformado es una típica "casa-torre" genovesa de cuatro plantas, con escaleras estrechas y empinadas, cuya superficie de tan sólo 35 m^2 está cubierta por un techo gambrel. La petición del propietario era tener tantos espacios de almacenamiento como fuera posible, una cocina con una despensa, un lugar de trabajo, una habitación doble, una sala de estar agradable con una segunda cama y un espacio de juego y relax para un niño.

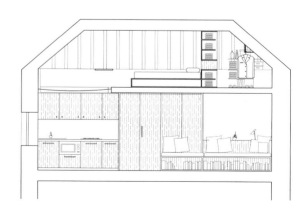

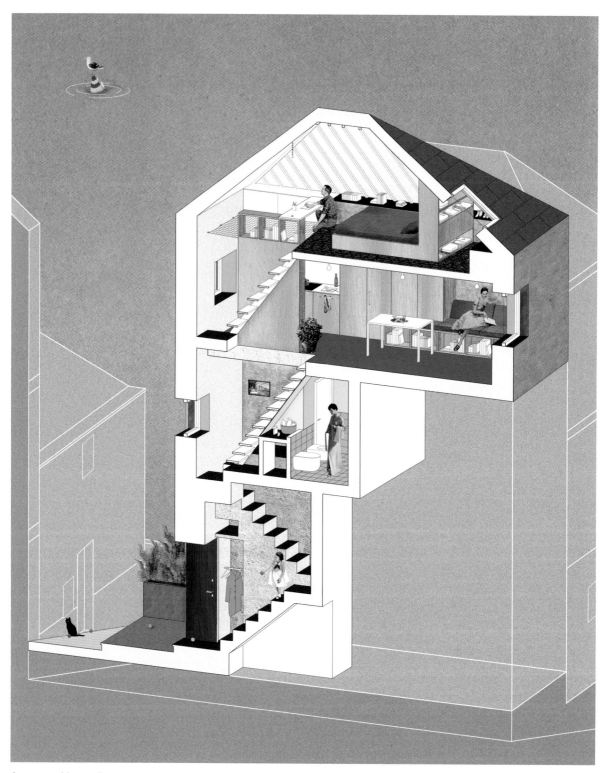

Axonometric section

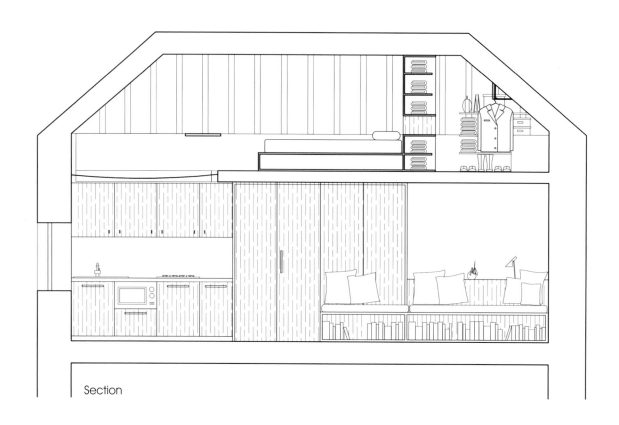

Section

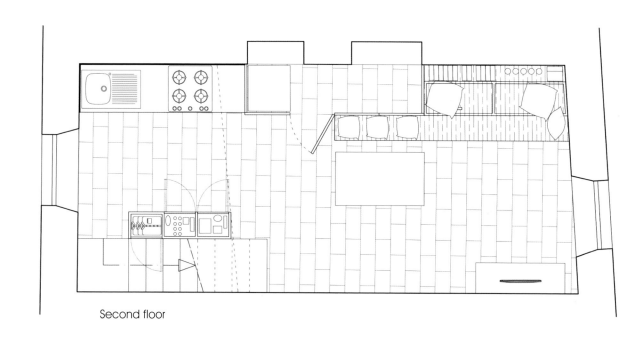

Second floor

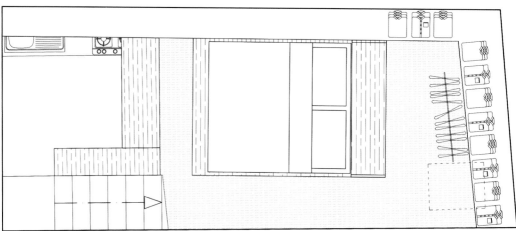

Third floor

With a very limited budget, our answer to these requests was a tailored apartment where all wooden furniture were custom made and realized by carpenters. A double high space connects the main room (3x6 meters), hosting the kitchen and the living room, with the upstairs bedroom. A pulley moves up and down a desk, allowing to reach the white net suspended on the empty space, while the bed headboard hides a spacious closet.

Con un presupuesto muy limitado, nuestra respuesta a estas peticiones fue un apartamento personalizado donde todos los muebles de madera se hicieron a medida. Un doble espacio alto conecta la sala principal (3x6 metros), donde están la cocina y la sala de estar, con el dormitorio de arriba. Una polea se mueve de arriba a abajo de un mostrador, lo que permite alcanzar la red blanca suspendida en el espacio vacío, mientras que el cabecero de la cama oculta un amplio armario.

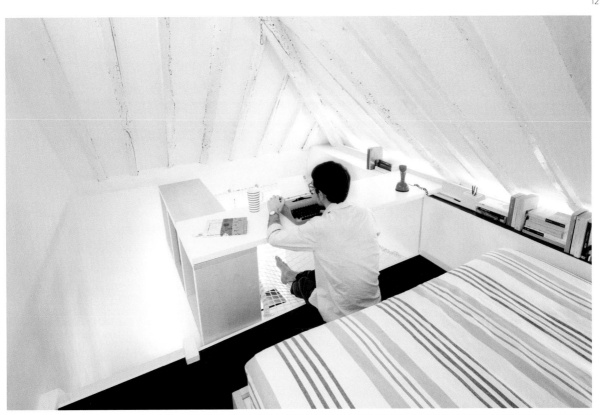

GENEVE FLAT

FREAKS Architects
www.freaksarchitecture.com
Location: Geneva, Switzerland
Area: 35 m² / 377 sq ft
Photos © David Foessel

The layout of this lightly-used apartment brings the functional areas together into one third of the available surface, situated in a band running lengthwise along one side, which also holds the sleeping space. This creates a spacious living dining area, (except for the bathroom), which, since there are no walls, can use glass dividers to remain open to everything else.

La estrategia utilizada en la redistribución de este apartamento de uso ocasional concentra las zonas técnicas en un tercio de la superficie disponible, situadas a lo largo de una franja longitudinal que contiene también la zona destinada a dormitorio. De esta manera se crea un amplio espacio de estar-comedor hacia el que se abren todos los ámbitos de la casa, a excepción de la pieza del aseo, gracias a la ausencia de cerramientos o a la existencia de paneles separadores de vidrio.

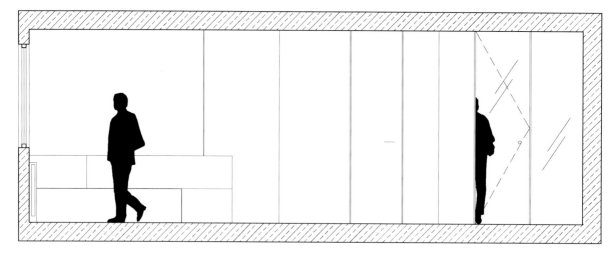

Section

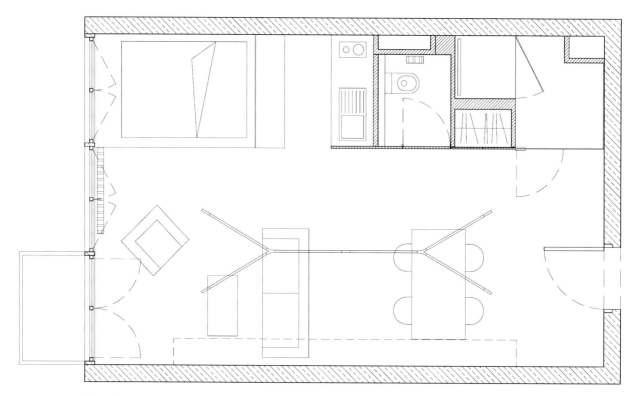

Floor plan

0 1 2m ⊖N

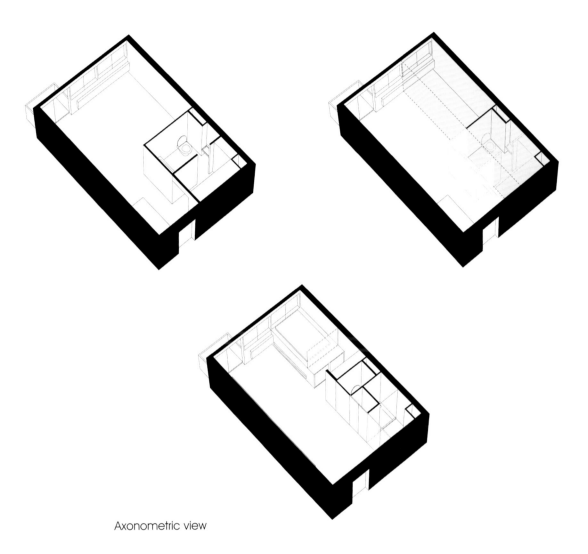

Axonometric view

The one continuous space has a minimalist look, with only the dark flooring serving as a contrast to the dominant white tones of the walls and furniture.

La vivienda constituye un espacio continuo y de aire minimalista, en el que solamente el pavimento de color oscuro actúa como contrapunto a los tonos blancos dominantes en todos los paramentos y en el mobiliario.

TRAVELBOX OLOT

JUUST
www.juustdesign.com
Location: Mobile
Photos © Stefan Prattes

A box measuring 209 x 124.5 x 38.5 centimeters and weighting 60 kilos, built of wood and housed in a thin aluminum casing, allows its users to carry with them on their lives' journeys the essential furniture for a home: bed, table, chair, and storage space. Its compact, rigid design protects it from the vicissitudes of long trips; then, once it has reached its destination, it unfolds to instantly create a new and comfortable living space.

Una caja de 209 x 124,5 x 38,5 centímetros y 60 kilos de peso, construida con una estructura de madera y una delgada carcasa de chapa de aluminio, permite a sus usuarios llevar consigo las piezas esenciales del mobiliario de una vivienda –cama, mesa, silla y espacio de almacenamiento– en su periplo vital. Su diseño compacto y rígido le permite soportar los avatares de los largos viajes y, una vez llegada a su destino, desplegarse para crear al instante un nuevo y confortable espacio para vivir.

 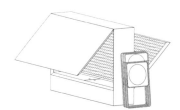

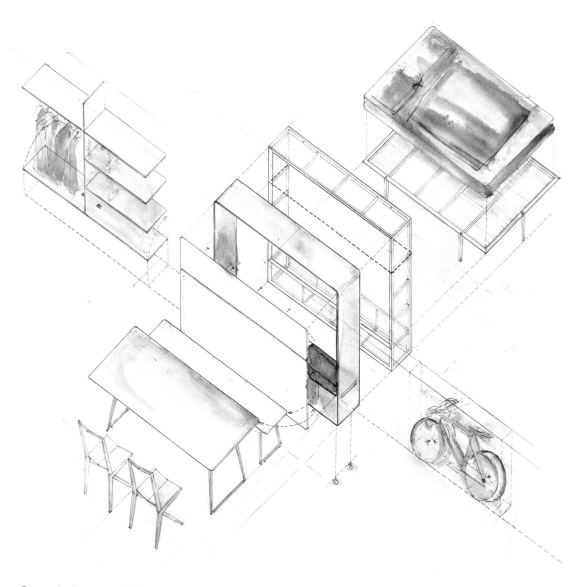

Expanded axonometric

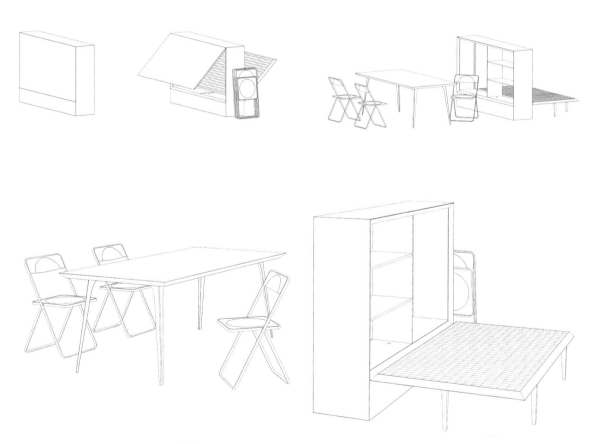

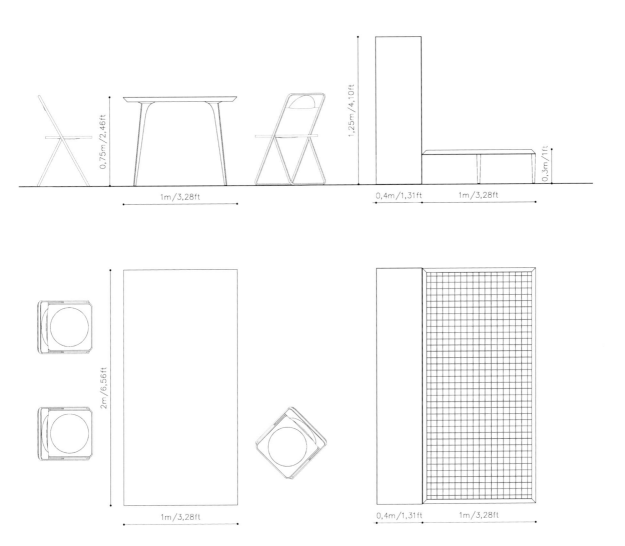

The items that make up the Travelbox settle into their new environments, creating living spaces on their own or in combination with other furniture and decor.

Los elementos que componen la Travelbox colonizan los entornos en los que se despliegan, creando por sí solos espacios habitables o en combinación con otros elementos de mobiliario o decoración.

VOLUME: 1 m³ / 35.3 cu ft
WEIGHT: 60 kg / 132 lb
DIMENSIONS: 209 (l), 124,5 (h), 38,5 (w) cm / 82.3 (l), 49 (h), 15.1 (w) in

THE BIKE SHELF

KNIFE & SAW
www.theknifeandsaw.com
Photos © Chris Brigham

This small wooden element, somewhere between a decorative item and a piece of furniture, offers an interesting combination of uses while solving the cumbersome problem of where in the house to store a bicycle. The bicycle hangs on this small wall- anchored shelf, which is large enough for books, keys, or even the bicycle helmet, and blends into the living space as one more component of the decor.

Este pequeño elemento de madera, situado a mitad de camino entre pieza ornamental y de mobiliario, ofrece una interesante combinación de usos que permite resolver un problema en ocasiones tan farragoso como es la ubicación de una bicicleta dentro de una casa. Colgada de una pequeña repisa anclada a la pared, cuyas dimensiones permiten colocar unos libros, las llaves o el propio casco del ciclista, la bicicleta se integra en la vivienda como un componente más de la decoración.

Options:

Walnut

DESCRIPTION: Solid Eastern Black Walnut. Danish Oil Finish.
WEIGHT: 6,8 kg / 15.00 lb(s)
DIMENSIONS: 43,8 (w), 13,3 (h), 40,6 (d), 4,5 (Slot) cm
　　　　　　　17.25 (w) / 5.25 (h) / 16"(d) / 1.75 (Slot) in

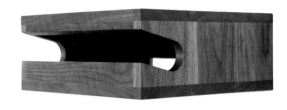

Walnut - Small

DESCRIPTION: Solid Eastern Black Walnut. Danish Oil Finish.
WEIGHT: 5,4 kg / 12.00 lb(s)
DIMENSIONS: 36,8 (w), 14,6 (h), 35,6 (d), 5 (Slot) cm
　　　　　　　14.5 (w) / 5.75 (h) / 14 (d) / 2 (Slot) in

Hickory

DESCRIPTION: Solid Rift Sawn Hickory. Hard-wax Oil.
WEIGHT: 7,3 kg / 16.00 lb(s)
DIMENSIONS: 43,8 (w), 13,3 (h), 40,6 (d), 4,5 (Slot) cm
　　　　　　　17.25 (w), 5.25 (h), 16 (d), 1.75 (Slot) in

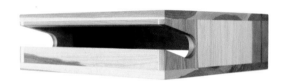

Hickory - Small

DESCRIPTION: Solid Rift Sawn Hickory. Hard-wax Oil.
WEIGHT: 6,3 kg / 14.00 lb(s)
DIMENSIONS: 36,8 (w), 14,6 (h), 35,6 (d), 5 (Slot) cm
　　　　　　　14.5 (w) / 5.75 (h) / 14 (d) / 2 (Slot) in

This item is handcrafted of walnut or ash; it comes in two sizes, which vary both the outer dimensions and those of the slot for the bicycle.

La fabricación de esta pieza es manual, construida con madera de nogal o de fresno, y su diseño ofrece dos tamaños posibles, que varían las dimensiones exteriores y las de la ranura de anclaje de la bicicleta.